JN440727

그리움의 강

그리움의 강

초판 1쇄 발행 2023년 8월 14일

지은이 이원문

펴낸이 임병천
펴낸곳 책나무출판사
출판신고 2004년 4월 22일 (제318-00034)

주소 서울시 영등포구 신길3동 325-70 3F
전화 02-338-1228 **팩스** 0505-866-8254
홈페이지 www.booktree.info

ISBN 978-89-6339-701-6 03810

그리움의 강

이원문 시집

책나무출판사

목차

1부

2부

3부

4부

• 1부 •

어머니의 편지

애들아
미안하다
낳는다는 한약보다
죽어야 할 그 약다오
내 너희 기를때는 그렇지 않았는데
너희는 이 에미가 얼마나 더럽겠니
죽어지지 않는 몸 미안하기만 하구나
이제 눈치 보여 없는 이야기 꺼내야 하고
너희는 망령이라 하니 마음 편구나
이 에미 왜 모르고 더럽게 하겠니
몸도 마음도 말을 안들어
그 보낸 세월의 끝이 이런거였었니
이 긴 병에 너희들의 희생 무엇으로 보답 하겠니
에미 걱정 그만두고 싸우지덜 마라
이 베게 속 노자 돈으로 내일 밤 갈 것이니

산 사람

찾아 오른 이 산 기슭
무엇을 얻었나
버려진 세월에
외로움에 긁히고
약초 찾아 오른 산
여기가 어디인가
찾은 암자 풍경 소리
마음 가라앉히고
기웃기웃 밥 한술에
허기 가라앉는다

법당 안 못 들리고
기우는 해에 쫓기는 몸
둘러멘 이 자루에
약초만 들었겠나
밝으면 오르고
어두워 내려오고
누구의 약이 될까
운명 앞에 소용이 없을 것을
소나기에 찾은 바위
바람불어 춥구나

오월의 향기

높은 꽃에 아카시아
울 밑 오동나무
보라의 꽃 향기
문틈으로 스며들고
아카시아꽃 향기
들녘에 퍼진다

푸르름의 오월
산과 들 푸르니
허공을 젓는 제비
무엇이 저리 좋을까
앵두 벚 벌겋게
보리 이삭 바라본다

어머니의 상여

가깝다던 저승 길이 이리 먼 것인가
송홧가루 황천 길 거짓의 선소리
선소리 꾼의 한마디 한마디 어느 자손이 그렇게 했나
평생 다니던 길 감은 눈에 새롭구나
이 짧은 세월에 꽃 피고 눈도 쌓여었것만
오월 상여에 실린 몸이 꽃이 핀들 핀줄아나
그렇게 왔다 가는 하룻밤 꿈 같은 인생
선소리에 뉘우침이 며칠이나 될까
이 상여에 매달린 정 끊어지면 그만인데

에~헤리~달~공~
에~헤리~달~공~

헤~헤~헤~에야~
어디야~어~차~어~어~
어~허~어~어~

어~허~어~어~
어디야~어~차~어~허~어~
어~허~어~어~어~

어디야~어~차~어~허~어~

간다 간다 나는 간다
이 내몸 간다고 서러워 마라
어~허~어~어~어~

북만 산천이 멀다더니
문밖 나오니 북만 산천일세
어~허~어~어~어~
어디야~어~차~어~어~

아카시아의 일기

하얀 아카시아꽃
바람에 날리던 날
돌아온 뻐꾹새
그 아이 찾는다

삼월부터 올라온
그 아이의 보릿고개였나
손꼽아 오른 아이
허기에 지치고

아이 찾는 뻐꾹새
울음에 지친다
그 아이 없는 보리밭
내일도 찾아올까

영그는 보리 이삭
멀어지는 뻐꾹새 소리
아카시아꽃 쓸쓸히
저녁바람에 날린다

찔레꽃 언덕

하얀 꽃 네 하얀 꽃
열 일곱 네 하얀 꽃
바람불면 어쩌나
열 일곱의 네 하얀 꽃

이 언덕 네 하얀 꽃
순정의 네 하얀 꽃
그립고 그리운 날
다시 찾아 오련다

뻐꾹새의 슬픔

멀리 가까이 뽕나무자락 뻐꾹새
그 작년 네 울음에 병든 아이 떠나고
등에 업혀 우는 아이 늘어져 칭얼댄다
빈 젖에 오디 물려 달래어 보는 아이
재우려 안으니 그 울음이 멈춰질까

아프니 말을하나 달래니 듣기를 하나
해 기울어 떠나는 밭 머리에 인 뽕이 얼마나 될까
멀어지는 뻐꾹새 울음 석양에 노을지니
딛는 발 빨리 가자 마음부터 앞서고
마중 나온 아이들 밥 달라 졸라댄다

부끄러운 일기

내일은 스승의 날
못 잊을 스승의 날
이맘때면 아카시아꽃 피고
보리밭 자락 뻐꾹새 슬피 운다
아직 이른 앵두 벚 언제 붉어지나
보릿고개 올랐어도 그 보리 이삭 퍼렇고
그나마 음지 쪽은 더 퍼랬다
돌아보는 그 시절 어찌 잊을까
쇠 필통에 짤랑짤랑 연필 흔들리고
둘러 멘 책보자기 허기에 무겁다
그 무렵 담임 선생님 나의 배고픔을 모르셨을까
강냉이 죽 끓여주던 그 시절의 나
누더기도 서러운데 어찌 나를 미워 했는지
이유는 모르나 쓰디 쓴 인생을 배웠다
날마다 배고파 허기에 지친 나
아이들 놀림에 교실 안이 힘들었고
선생님 구박에 견딜 수가 없었다
선생님께서는 우리 면 안의
동네 유지들과 술을 자주 드셨다
어느 때에는 교실 안에서도 그 모습이 보였다

유지의 자녀들은 귀한 대접에 사랑을 받았었고
천대하는 나는 그 반대였었다
슬리퍼 벗어 싸다귀 때리고
사기 물컵으로 머리까지 찍어 내렸다
아파도 아프다 말 못하고 그 이야기 부모님이 들으면
부모에게 더 맞아 죽을까 걱정 하며 말 못했다
괴로웠던 그 행사 날 스승의 날 내가 카네이션 들고 갔으면
선생님이 고맙다 했을까
아이들이 씌운 누명에 날마다 잘못 했고
그 누명을 꺾어 오라는 회초리로 때웠다
유지의 자녀들이 괴롭히는 것도 선생님께서 모르셨을까
추우나 더우나 그렇게 학교 다녀야 했던 날
나는 몇 가지 큰 것을 배웠다
배고픔에 부족함을 배우고
선생님 천대에 삶을 배웠다
아이들이 때릴까 숨어 다닌 길
그 곳에서도 남이 모르는 세상 보는 법을 배웠다
인생을 가르치는 산 기슭의 뻐꾹새
뒷산 길 그 보리밭 그리고 누더기

선생님께서도 빈부가 어떤 것인가를
그렇게 피 마르게 가르쳐 주셨다
기억의 스승의 날 우리 담임 선생님
어디에서 어떻게 어떤 모습으로 살고 계신지
미움도 구박도 큰 교훈이 되었기에
오늘날 이 몸 이렇게 살아 갑니다

오월 하늘

파란 하늘에 흰 구름
아카시아 찔레꽃
가슴에 담는 뻐꾹새 울음
메아리에 실리고
개울 따라 오르는 길
꽃향기 그윽하다

이 개울 오르는 사람
누가 또 있을까
돌 들추며 돌아보면
나 하나뿐 아무도 없고
논 갈이 워낭 소리
적막의 들 깨운다

그날의 오월

이 산마루에 오른 나
무슨 마음으로 올랐는지
파란 하늘에 흰 구름 이 마음 헤아릴까
멀리 바라보면
마을마다 아카시아꽃

가까운 소나무
빈 송화로 피어 있다
엊그제 날리던 노란 송홧 가루
노란 가루 뿌연히 어디로 갔는지
빈 송화의 산마루턱 마음 허전하다

풀잎 뜯어 입에 물며
바라보는 산과 들
이 마음 담을 내일이 있을까
쓸쓸히 찾은 산마루턱
뻐꾹새만 울어댄다

고향의 노을

소 몰고 개울 건너
동네 어귀 들어서면
노을진 서쪽 하늘
붉게 붉게 물들고

어디론가 가고 싶어
노을에 맘 얹으면
기러기 함께 가자
울며 울며 산 넘는다

초가삼간

그 시간만큼이나 머나먼 시간
처마 끝 거미줄 연기에 끄을리고
겹겹이 바른 벽 흙 떨어진다
서로 추워 발 묻겠다
이불 찢어지는 싸움의 아랫목

천정에 쥐 놀이 언제 멎을까
손으로 툭 치면 그 잠깐 조용하고
얼룩져 흙 쏠리는 소리
쥐 놀이에 다시 시끄럽다

군불에 연기 가득 솥 여는 소리
여름날 모깃불 밤하늘에 은하수
가을날 휑하니 낙엽 굴러 쌓이는 뜰
봄날에 미나리깡 울 밑 개나리
굴뚝 뒤에 숨겨놓은 딱지 찾는다

방랑의 오월

추운 삼월 지나 사오월 중 오월이라
건너는 개울 한 모금으로 목 축이고
그늘에 앉으니 파란 하늘에 흰 구름 떠간다

엊그제 떠나온 길 개나리 진달래
벚꽃도 그 잠깐 훑어 먹을 아카시아
이 앉은 자리 푸서리에 찔레꽃 바라보고

졸음인지 꿈인지 헛개비 불러 깨어난 몸
찾아 갈 곳 없는 길 어디로 가야 하나
허리춤에 빈 밥 그릇 석양에 바람 분다

고무신의 고향

찾아갈 용기 없는 어린 시절의 내 고향
찾아간다면 누가 나를 반겨주고
나 아는 이 있을까 누구와 인사 하나
기억으로 더듬는 추억의 내 고향

울고 웃던 곳에 나무 그늘 놀이터
개울 따라 오르며 먹을 것 찾던 곳
눈 오면 눈이 와서 비 오면 비가 와서
찾았던 양지 물난리에 물 구경

이 모두 잃어버린 세월에 덮힌 시절
계절 따라 피는 들꽃 어디에는 없었나
기억의 새소리 뻐꾹새 뜸북새
가을 저녁 높고 낮은 기러기 울음 들린다

오디의 일기

뻐꾸기 울음의 봄 누에
또 한해가 가는가
뽕나무밭 아이들
오디 찾기에 바쁘고
검은 오디 찾느라 에미를 잃는구나
저 아이들이 무엇을 알까

한 잠에 꾸물대는
누에 같은 아이들
넉잠에 섶 바라보는
누에의 삶을 알기나 아나
때 되면 그렇게
집 짓는 것인데

산으로 막힌 뽕나무밭
파란 하늘에 흰 구름
저 구름 누구 찾아 어디로 가나
산자락 뻐꾹새 소리
홀로의 마음 빼앗고
아이들 집에 가자 칭얼대는구나

외로운 오월

아카시아꽃 날리는
저무는 오월
끝자락 찔레꽃
아카시아 바라본다
꽃 날리는 아카시아
저리 떨어져야 하는지

가냘피 네 찔레꽃은
누구의 마음일까
며칠 후 네 하얀 꽃
석양에 지는 날
누가 너를 찾아
이 자리에 다시오나

한 시절

찾아온 뻐꾹새
뜸북새 부르고
꽃 날리는 아카시아
찔레꽃 바라본다

그 며칠 피기를
아카시아는 며칠이고
네 하얀 찔레꽃은
며칠이더냐

며칠의 그 잠깐
뻐꾸기의 기슭
아카시아 찔레꽃
마지막 날리면

뒷산 아래 밤꽃 향기
문틈으로 스며들까
그러면 뻐꾸기
뜸북새 찾겠지

반달의 이슬

음력 사월 스므 사흗 날이라
반달마중의 샛별 머리 위에 반짝이고
동녘의 먼동 제비가 틔우나
새벽 별 숨어드는 훤한 동녘
산새 소리 이른 아침 잠을 깨운다

마당 끝 댑싸리 이슬에 젖는 아침
텃밭 아욱 상추 이슬 흘러 내리고
장독대 장항아리 밤새 모은 이슬
울 뒤 찔레꽃 어떻게 하나
찾아가면 이 이슬에 흠뻑 젖었을 것인데

밭둑 길

그 많은 꽃 이름이
무엇이었나
오르고 내리던
밭둑의 그 꽃들

산 모퉁이 돌아
우리 밭 찾아가면
뻐꾹새 우는 뽕밭
오디 검게 매달리고

참 늦는다 혼날까
보고 지나가는 길
돌아 올때 주전자에
반쯤 채워 뛰어온다

뻐꾹새의 길

우리 엄마 마중 나와 보따리 들던 길
그 보따리 들기 싫다 투정 하며 울던 길
때때옷에 그 장날 국밥 먹으러 갔던 길

오고 가는 길가에 푸서리의 그 꽃들인가
바위 아래 산딸기 탐스럽게 매달렸고
그늘 아래 쉬노라면 뻐꾹새는 그렇게 울어대는지

까막 개미 기르며 엄마 오나 보던 곳
고무신 벗어 들고 흙 담아 놀던 곳
지금도 우리 엄마 보따리 이고 부른다

• 2부 •

달래꽃

나설까 돌아갈까
민들레의 마음인가
이 다리 건너면
어디로 가야 하나

다시 가자 잡는 시간
어서 가자 미는 운명
저 뻐꾹새는 아렴만
건너야 하는 것인지

귓전에 아이 울음
가슴 찢어지고
한숨에 보는 하늘
흰 구름 흘러간다

뜸북새의 뜰

이 골짜기의 다랑이
다녀간 이 누구인가
적막의 골짜기
아무도 없고

쓸쓸한 바람만이
벼 잎새 스쳐간다
울어대는 뜸북새
저리도 외로울까

그 잠깐 떠날 것을
어찌 여기를 찾았나
떠나야 할 그날
다음 기약은 있는지

노을의 기억

석양의 이 언덕
다음이 있을까
한숨에 넣은 바람
가슴에 스며들고
옷깃 내려 여미니
넘는 해 떨어진다

노을에 어린 옛날
추억도 아니 것만
떠나면 그 옛날
다시 찾아야 하나
잊혀진 그날
노을이 지운다

섬 이야기

나 자란 섬 가까이
수평선 바라보면
큰 섬 작은 섬
그 섬들이 보였다

때로는 안개에
보이지 않았고
밤이면 호롱불만
가물거렸다

드러난 갯벌에
가고 싶던 섬
밀물 들어차면
그리 멀리 보이는지

누구인가 살기는
사는 것 같은데
바라보는 것으로
궁굼해 하던 섬

이제 그 섬들이
육지가 되었고
가보아도 그렇게
나 자란 곳과 같았다

세월은 그렇게
옛날을 지울 수 있나
기억의 그림으로
그날을 더듬는다

마지막 응석

엄마
나 아픈 거야
울지마 엄마
이제 안 아플 거야

엄마
그 찬 수건
나 싫어 싫어
이 죽도 못 먹겠어

엄마
눈이 감겨
자꾸만 감겨
이제 못 뜰것 같아

엄마
눈 올리지마
하얗고 안 올라가
그리고 숨이 모아져

지르박

찾아온 벌 나비
꽃 이름 모르고
모르는 꽃의 벌 나비
그의 이름 모른다

처음의 꽃 벌 나비
이름 알고 앉혔나
벌 나비 이름 알고
앉을 꽃을 찾았나

음악에 몸짓 발짓
눈빛이 맺어주고
발 놀림 잡은 손
그날을 기약 한다

모내는 날

모내는 할머니네 누가 모일까
기와집 뜰 우물둥치 몇 번 보아 낯설고
담 아래 장독대 크고 작은 항아리
독 마다 담근장 가득히 부럽다
뜰 아래 가꾸어놓은 여름 화초 꽃나무
향나무 그 둘레만큼 세월을 말해주고
늘 잠그는 대문 안 누가 들어갈까
두리번 두리번 모두가 풍족 하다
하나 둘 모이는 동네 청년 어른들
부엌에 쭈빗쭈빗 이웃 처녀 엄마들
내집 일은 미루어도 할머니네 먼저 도와 줘야 한다
잔치가 되는 듯 떡에 술에 그리고 고기 반찬
할머니네 아니면 언제 그렇게 얻어 먹어 보나
앞 뒤로 마지기에 논 많은 할머니네 밥을
한 곳에 어른들 또 한 곳에 청년들
부엌은 겸상에 엄마 처녀들 차지다
아침 식사 끝나고 논으로 가는 청년 어른들
허허벌판 큰 논에 모내기 시작 한다
다른 한 곳에 모 찌는 할아버지들
동네 걱정 다 하는 수다에 시간 가고

모내는 논 안에 청년 어른들만 있을까
가운데 처녀들 몇몇 끼어 모 심는다
서로가 처녀 옆에 모 심겠다는 청년들
줄 띠어 갈때 못 심으면 대신 심어주고
어른들 놀림에 수줍은 처녀들
청년들 웃으며 없던 희생 일등 하니
어느덧 그 넓은 논 모 다 심고 나온다

오월의 편지

오월 그날 마지막이
오늘이었나 봐
오늘인 것 같은데
아닌 것 같고

피는 꽃도 슬며시
그날을 지웠어
바라보면 아닌 듯
마지막을 잃었고

가버린 날의 우리 둘
모두 잃은 것은 아닌지
모습도 가물가물
이제는 안 떠올라

세월은 그런거야
철새 찾아오고
꽃도 피는데
나 못 잊어 그날을 찾고 있어

장미의 담

지나는 겨울날
관심 없었고
낙엽에 가시넝쿨
보는 이 누구일까

삼월 지나 사월
오월이 되어도
모두가 길 바쁘다
고개 돌려지나 갔다

오월의 끝자락
이제 누가 관심 갖나
뻗은 가지의 꽃봉오리
살짝 트여 보여준다

밤꽃의 밤

어둠에 숨은 향기
문틈으로 스며들고
고요한 밤 소쩍새 소리
밤 깊은 줄 모른다

뽕밭 텃밭 외로움이
이 향기를 아는가
엎치락뒤치락
소쩍새 소리 멎지 않고

감은 눈에 캄캄한 밤
잠 못 이루는 밤
그 뽕밭 뻐꾹새 울음
이제 그만 잠들라 한다

산등성이의 마음

마음 모은 뒷산 길
산등성이에 오르니
내려 보이는 들녘
뻐꾹새 울음 멀어진다

이산길 돌아가면
생각 끝의 내일일까
아니면 다시 오는
어제 같은 오늘일까

하늘도 모르고
구름도 모르는 길
보이는 산 멀리
모은 마음 부른다

구름의 석양

지나온 만큼이나 가야 하는 길
이 자리의 나 나는 누구요
되돌아보면 아무것도 아닌 것을
어느 길 딛어 어떻게 걸어 왔나

가야 하는 짧은 날 지는 해에 부끄럽고
여기까지 오기를 모르고만 왔겠나
비우지 못하고 채우기만 했던 날
누구에게 무엇을 얼마나 얻었나

오월의 이별

오월의 이름으로
떠나는 봄인가
아카시아 찔레꽃
하얗게 가버리고

내려앉는 밤꽃 향기
초여름 맞이한다
푸서리의 여름꽃
냇가의 맑은 물

담근 발 시려워
손 담그고 하늘 보니
앞산 뻐꾹새 소리
징검다리 건너온다

유월의 들녘

뿌리고 심은 들녘
주인이 누구인가
그늘에 앉은 할아버지
뻐꾹새 울음에 올려보고
논 가운데 뜸북새
할아버지 마음 읽는다

오는 길 개울 건너
발 씻는 할아버지
저무는 저녁바람
삽 씻어 둘러메고
내일 걱정 모레 걱정
하루해 저물어간다

유월 문턱

휘감은 칡넝쿨 올려보는 하늘
파란 하늘에 흰 구름
징검다리 건너 가고
오르는 냇둑 길
맑은 냇물 흐른다

꽃마다다 다른
이 꽃 이름이 무엇인가

오월의 끝자락 뻐꾹새 울음
그 옛날 가슴에 넣었던
그 뻐꾹새 울음 아닌가
거슬러 오르는 길 고무신 신은 듯
추억을 그리며 물속을 들여다본다

친구의 유월

친구야
우리 그때 그랬잖니
유월로 보릿고개도 넘은데다
봄 꽃은 모두 아카시아꽃 끝으로 다 지워지고
남은 것이라고는 개울 둑 푸서리에 이름 모르는 꽃들만
발 딛는 곳 마다 여기 저기 피어 있었지
꽃 이야기 하면 뭐하겠니 관심 없던 꽃이었으니

너와 나 어디에서 어떻게 하고 놀았지
알고 보면 노는 날도 그리 많지 않았고
책 보자기 던져 놓고 마루 끝 상보 들춰본들
무엇을 잘 먹었겠니 보리꽁댕이 한술에
들로 뛰어야 했으니 또 그 일 안 하면 안 되었고
어떻게 하고 놀았든 몇 가지 기억에 떠오르는 너의 모습
마당 끝 노을에 그날이 젖는구나

제비의 행복

저 허공은 나의 것
나무도 싫고
빈 집도 싫어요

마루에 둘러앉은
식구 내려보며
빨래 줄에 앉는 것이 제일 좋아요

대청마루의 대들보
그러다 밤이오면
저 지은 나의 집이 제일 좋아요

그 노을

이 돈 속에 너의 얼굴 보고 싶구나
빈 주머니였기에 늘 쪼그려야 했던 나
뒤집어본 시간의 진실에 어쩔 수 없었고
시간은 알면서 그렇게 해야 했는지

세월의 몰이에 다시 채워놓은 시간
채우기 보다 넘쳐 흐르고
흘러내린 그날의 꿈 다 어떻게 할까
소식 전해 듣고 들은 이야기도 있으련만

어디에서 어떻게 어느 길을 걷는지
내 들은 이야기로는 병도 얻었다는데
그 약속과 아름다운 날들이 찾아 보기는 하는지
찾아 갈 수 없고 도와 줄 수도 없는 몸
나 여기에 그 노을만 보고 있어

노을의 강

사람은 많은데
나 아는 이 없고
혹시나 둘러보면
보는 눈도 그렇다

석양에 저무는 강
노을 맞이 사람들
이 많은 사람들 중
나 아는 이 누구일까

찾는 것도 아닌데
찾아 나선 마음 같고
기다리는 것도 아닌데
누가 나를 부르는 것 같다

• 3부 •

세월의 그림자

구름과 같은 인생
껍데기 잃은 매미가
잃은 껍데기 찾던가
보여주고 보인 것은
그 인생의 다 거짓

그림자만이 아는 사연
어느 누가 헤아릴까
두르고 입으니 그런 줄 알고
감춘 표정 말 한마디
속이는 줄 모른다

뻐꾹새의 슬픔

뽕나무밭의 우리 엄마는
가까운 너의 울음에 뽕한 자루 따고
네 먼 울음에 산을 찾은 나는
산딸기 한 줌 따 입에 넣었다

그 삼년 지나 멀어졌던 너의 울음
가느란 실가닥에 더 멀어져 끊어지고
아직 남은 이 가슴에 산자락에 너의 울음
별나라의 우리 엄마 집에 가자 부른다

유월 맞이

모내기 끝난 들녘
뜸북새 소식 들려오고
산자락 뻐꾹새 울음
냇가에 들려온다

돌 들추는 아이들의
무뎌진 소리인가
들꽃에 관심 없고
고무신 벗는 아이들

먼 훗날 고향 찾아
이 냇가에 다녀가면
피어난 냇둑의 꽃
그리움으로 피어난다

국군

흘린 피에 피는 꽃
무덤의 꽃이 되었나
북녘땅 먼 하늘
흰 구름 흘러가고

총성 멈춘 삼팔선
철새 찾아 내려온다
두 번 다시 없어야 할
피 흘린 형제싸움

통일이 되는 그날
그 흘린 피 씻어주고
청춘의 무덤 앞에
꽃 한 송이 바칩니다

냉수 그릇

웃어도 보고
울어도 보았다
썩혀도 보고
삭혀도 보았다

몰아세우는 세월에
어쩔 수 없었고
시간의 거짓에
속을 수 밖에 없었다

눈 감고 귀 닫은 밤
누운 이 자리가 며칠일까
빠진 이에 느는 주름
흰 머리 헝크러진다

유월 하늘

여름이라 하기보다
밤으로 춥고
봄으로 보면
여름날의 한낮이다

지나는 길 쉬어갈까
볼 수록 파란 하늘
어찌 저리 파랄까
이 그늘에 앉은 하늘

더 높이 멀어지고
옛 뻐꾹새 울음
그대로 들려온다
이런 일 저런 생각

타향살이에 젖은시간
보는 하늘 저 멀리
흰 구름 들어오나
추억의 냇물에 손 담고 하늘 본다

구름의 길

다가오는 흰 구름 어디로 흘러가나
외로워 바라보면 눈앞에 와있고
그리워 손 얹으면 더 멀어져 산 넘는다

약속이 숨은 구름 어느 곳 찾아가나
그 시간의 아주 먼 옛날 처음의 그곳 아닐까
손 얹고 내려도 여기의 나를 모른다

새벽 산책

먼동 트이기에 아직 이른 새벽
걷는 길 하늘 높이 샛별 마중 나오고
냇가의 맑은 물 공기 맑은 새벽이다

섬짓 무서워 뒤돌아 보는 길
내 겁이 많아 뒤돌아 보았나
쪽빛 오른 머리에 쪽제비 길 건너 가고

돌아서 오는 길 가벼운 몸에 공기 맑다
훤할 듯 먼동 트면 아침 해 떠오를까
들리는 새소리 부지런도 하다

뻐꾹새의 길

힘들 때 함께 했던
앞산 자락 너의 울음
멀어진 너의 울음
이제 들을 수 없어
그 먼 시간만큼이나
세월이 흘렀나봐

떠돌이의 타향살이
이 자리에 몇 년인가
굳히고 굳힌 마음
다시 돌려 돌아갈까
들을까 하여 따르는 술 한잔
네 울음은 없고 어머니가 부르나봐

유월의 향기

뿌리고 심은 들녘 가을을 기다리나
하루가 다르게 파랗게 올라오고
가꾸워야 할 뜨거운 한낮
여름 볕답게 내리쬔다
뽕나무밭 산자락 뻐꾹새 소리
며칠 지나 찾아올 뜸북새 아직 이르고
아침으로 밤꽃 향기 담 넘어로 들어온다

누렁이 소 쉴 참에 소 풀베는 아이들
논두렁 찾아 가는 삽 둘러멘 할아버지
개울 따라 오르는 아이들의 아우성
우물둥치의 열 여섯살 앵두 따 모으고
망령의 할머니 밥 달라 소리치는 소리인가
어머니의 호미 끝 노란 참외 언제 매달리나
밭일 끝낸 어머니 아욱 뜯어 씻는다

초가의 뜰

담 밑 난초의 꿈 무너져가고
채송화 봉숭아 지붕 그늘에 잠든다
한낮에 뜨거움 서늘한 저녁바람
몇 날 며칠이 뜨겁고 서늘할까
마루 끝 언니의 꿈 쓸쓸히 바라본다

어머니의 마음

하루 마음 모으는 들
들녘의 해 저물어가고
삽 씻어 둘러메니
석양에 노을 진다

불편하신 어머니
저녁 쌀 앉혔는지
우물둥치에 퍼놓은 물
아이들은 씻었는지

오는 길 앞 개울
징검다리 건너서니
문간의 검둥개
꼬리치며 마중온다

늙은 병사의 노래

그날도 옛날인가
늙은 몸에 하얀 머리
허리 구부러지고
62 추모 세월 많이 흘렀네
아픈 이 몸 굽은 허리
이제는 못 펴는가

불러보는 애국가
더딘 발음에 새는 소리
입 다물어 올리니
그 발음이 아니고
힘차게 불러도
옛 음성이 아닐세

총성 앞에 지르는 고함
누구의 목소리였나
전투 하러 가는 날
운동장의 그 군가
부르고 불러도
옛 목소리가 아닐세

옥수수의 시간

뒷문 밖 텃밭이라
높이 올려본 구름
어디로 흘러 가나
지난 봄날 몇 알씩
흙 속에 넣었더니
그 며칠에 자란 잎
어느새 세월 졌네

커다란히 노래 하면
저 소리를 누가 듣나
듣는 사람 누구요
나 혼자 보고 듣나
들에 나간 아이들 기다릴 적에
세월 모아 듣자 하니
눈물부터 앞서네

노을의 편지

저 노을 아니면
기억 할 수 있었을까
이름은 찾았는데
모습이 흐려

마지막의 이 편지
첫 글자 그 다음 줄
무엇을 썼는지
기억이 않나

우리 아름다웠던 날
간직 하고 있겠지
흐린 모습이라도
먼 훗날에게 붙일 수 있는지

유월의 밤

기슭에 뻐꾹새
그 기슭에 소쩍새
주고 받는 밤과 낮
누구의 슬픔인가
달빛 어린 마루 끝
밤꽃 향기 내려 앉고
이슬에 젖는 밤
감은 눈에 지샌다

고향 아이들

우리 동네 제일 높은 것은 미루나무 위 까치 집이었고
맑은 물은 가재 잡이의 가재 들어 있는 샘물이었다
하늘 높이 흰 구름 노을 맞이의 기러기 떼
제일 밝은 것은 지붕 위의 보름달이었고
셀수 없이 많은 것은 밤하늘의 별이었다
징검다리 아래 가로 막은 봇물
어느 바다가 이만큼이나 깊을까

한눈 안의 저 파란들 뻐꾹새 뜸북새
높다란히 원두막 아래 참외 수박밭
옥수수 한입 물면 시원한 바람 스쳐가고
안 보였던 들꽃들은 언제 볼 수 있을까
가을날 겨울날 황금 벌판 하얀 들녘
뒷문 울뒤 앵두나무 뽕밭의 오디
채송화 봉숭아 뜨락에서 잠이 든다

꽃의 꿈

철새는 찾아와
며칠 더 머무는데
제철의 꽃은
어찌 바삐 지는가

사나흘 후 멀다 하고
시드는 꽃들
그 열흘 못 채우고
시들어야 하나

계절의 재촉인가
세월의 속임인가
보는 이 바라보며
지난 시절 돌아본다

유월의 편지

찾아온 뻐꾹새 그날을 알려주려 하는지
되돌아본 날에 나는 누구였나
고비 고비 넘을 때마다 울던 뻐꾹새

큰 고개 작은 고개 보릿고개 넘어서니
두 번째 인생이 기다리고 있었고
그 삶에 지은 짝 불편한 둥지 안

이제 이 운명 세 번째도 있는가
말 못할 사연 가슴에 묻어 두고
저무는 인생 그 뻐꾹새 울음 듣는다

봉숭아의 노을

마당 끝 서쪽 하늘 노을 저가고
봉숭아의 그리움 노을빛에 젖는다
여기 이 마당 끝 홀로 꽃피우기를
누가 데려왔는지 바람에 실렸는지
잃어버린 꽃잎 홀로 외롭다

• 4부 •

산딸기

잎새 뒤에 보일 듯
숨은 산딸기
하나 따 입에 넣고
주머니에 채우고

되 돌아오는 길
넘어져 일어나니
상처에 묻은 흙 보다
딸기가 더 소중 했다

벗겨진 신은 털어 신었는데
이 쓰린 손 씻어야 하나
상처의 내 아픔 보다
그 기슭 뻐꾹새가 더 슬피 울었다

고향 가자

우리 집 앞에는
맑은 냇물이 흘렀다
다슬기도 많았고
왜 우렁이는 없었겠나

이른 봄날 바람 불어
논 물살에 어리면
잡힐 듯 주워
소쿠리에 담았다

어디 그것 뿐인가
어두운 밤 소쩍새
초여름 낮 뻐꾹새
칠월의 뜸북새

그리고 가을날
기러기도 울었다
긴긴밤 겨울밤
화롯불 저무는 밤

고구마 익을 무렵
울뒤 부엉이 어떠 했나
어머니 상 펴놓고 콩 고르는 밤
등잔불 밑 우리들은 군고구마 먹었다

저녁 마당

흐르다 머문 구름 어떻게 하나
해넘이 석양에 바람 들어오고
저녁 노을 멀리 땅거미 밀려온다

거짓 거울

시간의 몰이에 흘러간 세월
나 다시 돌아갈 수 없는지
되돌아보는 시간
버드나무에게 부끄럽고
거짓인 줄 알면서 이 모습 비춰본다

씻고 닦으면 잡힌 주름 지워질까
돌아보는 세월 끝이 어디인가
다시 비춰보는 거짓의 거울
하룻밤 자고나면 더 주눅 들고
몰이에 지나온 길 석양에 저문다

산딸기의 고향

메아리에 들리는 뻐꾹새 울음
이 많은 꽃 이름을 어떻게 다 기억 할까
숨겨둔 산딸기 찾아 그곳을 찾는다

푸서리 피해 돌아서 건너 뛰고
팔 긁힐까 넝쿨 걷어 옆으로 비켜놓고
숨겨놓은 곳까지 아직 더 올라야 하는 길

누가 다녀가지 않았나 혼잣말에 걱정 되고
코 찢어져 벗겨진 신 나 어떻게 집에 들어가나
딸기 찾아 가는 길 근심부터 앞선다

유월의 낭만

선선한 음지의 바람
앉은 양지 뜨겁고
한여름 같으면서
해 넘으면 춥다

뜨거워 앉은 음지
이 옷소매 내려야 하나
바라보는 먼 하늘
마음 모아지고

산 넘어온 구름 위
오막살이 짓는다
다시 더 예쁘게
둥근 박 올릴까

봉숭아 채송화는
어느 곳에 심어야 하나
구름 위 오막살이
봉숭아꽃 기다린다

외길의 노을

못 채울 주머니에 보내는 하루
세월이 어찌 그리 바쁜가
자고나면 새는 주머니
못 채운 주머니 늘어만 가고
겉 웃음에 속 눈물 세월만 간다

못 채워 오는 고통
넘치는 고통이 그 고통을 알기나 할까
주머니 채우느라 입에 넣지 못 하고
채우기 위해 일 하느라 구경 한번 못했다
가는 세월 어찌 할까 무엇으로 잡아매나

버리고 내린 세월 구름 흘러 간다
채우고 넘친들 그것이 내 것인가
구경 가자 같이 먹자 못 듣던 이야기들
무슨 마음으로 함께 하자 연락이 오는가
겉 눈물에 속 웃음 속 웃음 눈물 난다

계절

언제 봄이었나 어색하듯
봄날의 그 꽃 다 지워지고
뒷산 밤꽃도 시들어간다
봄이 끝나기도 전 시작 되는 여름
한낮의 뜨거움이 그 여름인가
기슭의 뻐꾹새 논 가운데 뜸북새
덥다 하는 여름이 며칠이나 될까

뻗어 가는 호박 넝쿨 하루가 다르고
풀숲의 여름꽃 옥수수잎 노래 한다
칠월에 들어설 여름 그리고 팔월 한 달
그러면 추워지는 서늘한 구월인가
두 달 남짓 빼고나면 며칠의 일 년인가
긴 옷소매 내려오고 높은 하늘에 새털구름 흐르면
단풍에 서릿발 찬 바람 불겠지

마른 눈물

언제 여기에 다녀 갔던가
끝인 줄 알았던 두 번째가 아니고
세 번째로 그 먼 섬 바라보아야 하나

여미어 주던 긴 머리 손 없어 여미니
그 옛날 바람 불어 헝크러지고
부서진 파도 물거품만 남는다

유월의 밥상

우물둥치에 햇보리 쌀 담가놓고
텃밭에 나가 고추 몇 개 따온다
아직은 이른 고추 몇 개나 딸까

봄나물은 쇄고 여름나물은 이르고
아욱 뜯어 씻어놓고 짠지 썰어놓는다
부뚜막에 좇는 파리 언제 날아갈까

흙 땜질 부뚜막　 은 국에 얼룩지고
깨어진 솥뚜껑 소리 더 요란하다
땜질한 솥 또 새면 어떻게 하나

보리짚 피워 보리밥 푹 물리고
아욱국 짠지 풋고추 된장
상추 시금치 포개 쌈 한입 넣는다

뻐꾹새의 그날

기슭의 뻐꾹새
저 흘러가는 구름
어디로 가나

뽕나무밭의 울음은
외로움의 울음이고
다랑이 논에 들리는 것은
서러움의 울음이다

등에 업혀 우는 아이
칭얼대는 이 아이가
무엇을 알겠나

아랫논 뜸북새
가는 세월 못 잡고
멎지 않는 뻐꾹새 울음
해 저무는 줄 모른다

이슬

보내서 온 것인지
찾아 왔는지
나는 누구요
여기가 어디인가

단몽이라 하더니
이슬 두고 한 말인가
그 단몽도 다 거짓
아무것도 아니더라

어머니의 들녘

심고 뿌렸으니
가을을 기다려야 하나
며칠 전만해도 안 그러더니
하루가 다르게 파랗게 올라오고
뼘마디 자란 벼에 뜸북새 운다
논 매는 들녘에 한타령의 노래 소리
어 허 야 ~ 　어 허 야 ~
어 허 야 ~ 　어 허 야 ~

참 내가는 어머니 광주리에 참 가득 무겁고
등에 업혀 우는 동생 어머니 발걸음 바쁜 줄 모른다
앞서가는 검둥개 뒤따라 가기 싫다 나의 투정
옥양목 치마 저고리에 어머니 젖 삐져 나오고
그늘 아래 늘어놓은 새참에 막걸리
모두 나와 참드시라 일꾼들 부른다
많이 드시라 더 드시라 시중드는 어머니
우는 동생 젖 먹이며 뻐꾹새 울음 듣는다

기억의 소리들

기억에 남아
추억에 젖는소리들
잃어버리고 흘려보냈어도
세월 저편 먼 곳에 아직 남아 있다

가슴에 새겨진 계절 따라 오는 소리
철새 울음에 어느 것 하나 빼놓을 수 있을까
어려울 때 외로울 때 그리고 그리고 서글프고 괴로울 때
못 잊어 가슴에 담아 쓸어내리고
지금도 그 소리 고향 그리며 듣고 있다

마지막

두고 가는 것은
감은 눈의 거짓이고
가느러질 정 하나는
보는 이의 거짓이다

무엇이 있고 없고
남을 것이 무엇인가
무뎌져 흐려지면
버리고 끊길 것을

첫 별

잊어서
잊은 것이 아니고
미워서
잃은 것도 아니다

가야 할
두 갈래의 길이였기에
서로가
그 길을 나누었을 뿐이다

고향 가뭄

지금이 그때를 이해 할까
넘어온 보릿고개 놓이는 보릿고개
심어도 소용 없고 비가와도 소용 없다

보리쌀 항아리 바닥 드러나는 날
쭉쟁이 가을 맞이에 무엇을 얻겠나
쌀 몇 말에 싸라기 까칠한 쌀겨

방앗간 뒤 날리는 왕겨 내리는 눈으로 보이고
죽 사발로 넘어야 할 설한의 보릿고개
준비된 겨울 굴뚝 연기 피어오른다

고향 소식

들녘 이야기 메갓 이야기
아이 어른 할 것 없이
어느 것 하나 빼놓을 수 있을까
만난 고향 어른과 주고 받는 이야기
이제 흉도 아니고 부끄럽지도 않다

지나간 세월만큼이나 그 긴긴 세월
고마움에 서운함 눈물 섞인 이야기들
사정을 이해 하고 풀리는 오해에 더 눈물 난다
뼈마디 하나 묻지 못할 나 잃은 부모님의 고향
어머니 치마폭에 밥 한 그릇이 그립다

선소리

그 잠깐 왔다 가는 것이
그리도 길다 했나

무엇을 바라보고
얻은 것이 무엇인가

한숨에 감은 눈
선소리에 서럽구나

왼쪽 일곱명씩 두 줄
오른쪽 일곱명씩 두 줄
스물여덟명이 메는 상여
선소리메기는 선소리 꾼
나오는 노자돈에 신바람난다

선소리꾼 장난에 누가 안 울까
딸래미 아들래미
미운정 고운정의
큰 며느리 작은 며느리

바라보는 이웃의 정

하늘도 울고 땅도 운다
구름도 머물러 울고 가는 슬픔
한 번 왔다 가는 세상
얼마만큼 베풀고 정을 나누었나

딸랑 딸랑 선소리꾼의 종소리
상여에 매달린 막내딸 발 동동구른다
그런다고 안 갈건가
막아서니 안 갈건가
상여 춤에 떠나는 길 하늘도 슬프다

선소리 : 간다 — 간다 — 나는 — 간다 — ~
상여꾼 : 어 — 허 어 — 허허 어거리어 — 차 — 어 — 허허
선소리 : 명사 — 십리 — 해당화야 — 꽃 — 진다 — 서러마라 —
상여꾼 : 어 — 허 어 — 허허 어거리어 — 차 — 어 — 허허
선소리 : 멀다 — 던 북만 — 산천 — 문밖이 — 여기 — 더냐 —
상여꾼 : 어 — 허 어 — 허허 어거리어 — 차 — 어 — 허허
선소리 : 아들아 — 딸아 — 나 — 간다 서러마라
상여꾼 : 어 — 허 어 — 허허 어거리어 — 차 — 어 — 허허
선소리 : 망령이라 — 하는 — 소리 — 그구박이 — 옳았구나
상여꾼 : 어 — 허 어 — 허허 어거리어 — 차 — 어 —

개구리의 노을

징검다리 건너
참외밭 지나는 길
참옥수수 수염
바람에 날리고

꺾어 쥔 이 나뭇가지
큰 개구리 잡힐까

병아리 적 어미 닭
닭장에서 기다린다